EL LIBRO DEL YIN YANG

Los principios del Sistema Natural

Ezequiel Zapiola

Amazon Kindle Direct Publishing

"La travesía real del descubrimiento no consiste en buscar nuevos paisajes, sino en poseer nuevos ojos"

MARCEL PROUST

CONTENIDO

INTRODUCCIÓN

Nacimos bajo un cielo cubierto de estrellas y su misterio siempre nos ha fascinado. Desde la prehistoria el hombre ha interpretado a las estrellas y los fenómenos astrales como un mensaje de los Dioses. Sin la menor idea de cómo terminar con nuestro aislamiento cósmico, nos vimos desafiados a descifrar el misterio nosotros mismos y nuestra mayor ventaja siempre fue la inteligencia. En los últimos años hemos logrado importantes avances científicos y tecnológicos, desde el diminuto átomo hasta lo más lejano del universo y hemos logrado dar grandes pasos en descifrar el gran enigma del cosmos, pero siempre tenemos esa angustia existencial de pensar qué hay más allá del universo. El ser humano siempre trató de encontrar respuestas a preguntas existenciales. ¿Quiénes somos ? ¿que hay más allá ?

Isaac Newton contemplaba el universo como un enigma, como un secreto que podía leerse aplicando el pensamiento puro a ciertos indicios místicos que Dios había diseminado por el mundo para permitir una especie de búsqueda del tesoro filosófico. La naturaleza del hombre lo lleva a tener creencias y certezas para buscarle un sentido a la vida y no caer en la incertidumbre. Pero las dudas siempre están al acecho.

El hombre primitivo carecía de conocimiento científico y no podía explicarse los acontecimientos naturales más simples, entonces interpretó los fenómenos meteorológicos y astronómicos como si fueran mensajes de los Dioses. Los cataclismos, razonaron, se debían a que los mismos estaban enojados, y tal vez con oraciones, encantamientos o sacrificios podrían ser apaciguados. Así nacieron brujos y hechiceros. A lo largo de las civilizaciones el hombre fue creando sus propias respuestas en la superstición y en la religión a temas que no encontraba explicación.

El sentido de la vida siempre estuvo relacionado con las concepciones filosóficas y religiosas de la existencia, la conciencia y afecta a muchas cuestiones tales como el bien y el mal, el libre albedrío y la existencia de Dios.

Platón (427-347 a.C.) nos propone la Alegoría de la Caverna (1) para explicar la situación del hombre en relación al conocimiento. Se trata de una situación hipotética en la cual un grupo de personas se encuentran encadenados dentro de una cueva. Siempre vivieron allí y lo único que pueden ver son sombras proyectadas sobre una de las paredes. Creen que aquello que observan es el mundo real ya que es lo único que conocen desde que nacieron. Pero un día uno de ellos consigue liberarse y escapa. Ya en el exterior observa enceguecido los reflejos y sombras de las cosas para luego verlas directamente. El hombre regresa entonces a la caverna para compartir su descubrimiento con sus amigos, ya que siente que debe ayudarlos a salir al mundo real. Pero cuando regresa, sus compañeros piensan que el viaje lo ha afectado y no lo toman en serio. Es mas, harán lo posible para no ser liberados, llegando incluso a querer matar a quien lo hiciera y que efectivamente lo harán cuando tengan la oportunidad.

El camino de la sabiduría no es fácil pero produce satisfacción y libertad. Conocer la realidad del universo e intentar darle sentido es un gran desafío. Salgamos entonces de nuestra cueva y veamos qué encontramos !

Figura 1 - Platón. Alegoría de la caverna.

CAPÍTULO 1: OBSERVANDO EL UNIVERSO

El universo es atrapante. Basta uno mirar al cielo en una noche oscura y observar a miles de estrellas para darnos cuenta de la maravilla que nos rodea. Pero justamente aquí nos encontramos con el primer hecho inquietante y es que nuestra realidad en la Tierra es completamente diferente a la que hay en el cosmos. Cada una de esas luces que brillan en el cielo se encuentran a millones de kilómetros de distancia. Y si quisiéramos viajar a alguna de ellas lo mas probable es que no nos alcance la vida. Las distancias en el universo son inmensas y se miden en años luz. Existen infinidad de estrellas cuyos tamaños son enormes y que nuestra mente no puede imaginar. Hay temperaturas extremas, hay distintos tiempos en distintos lugares, hay materia oscura y muchas otras cuestiones que desconocemos.

En este capítulo vamos a ver algunos datos del universo, tan importante para nosotros pero tan pocas veces tenido en cuenta debido a que estamos inmersos en nuestra vida cotidiana. Hoy en día tenemos una gran cantidad de información de acceso instantáneo con la aparición de Internet, la democratización del conocimiento mas grande de la historia de la humanidad. Pero los grandes matemáticos y astrónomos como Galileo o Newton que hicieron descubrimientos que sentaron las bases de las ciencias modernas no tenían más ayuda que unos pocos libros, papel, una pluma y un telescopio muy elemental.

Hoy en día gracias a la ciencia sabemos que la Tierra gira alrededor del Sol a una velocidad de 107.000 km/h y además gira sobre su propio eje a 1.500 km/h. Si bien son velocidades muy altas, no las percibimos porque también las distancias son enormes. Veamos como se ve la Tierra en proporción al Sol.

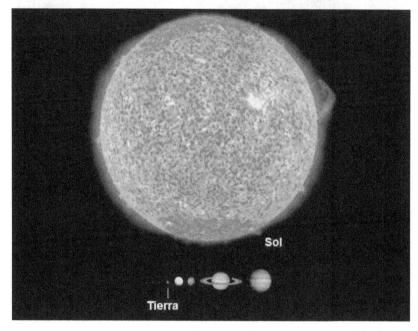

Figura 2

El Sol es una estrella de tamaño medio. Hay estrellas más grandes y más pequeñas. Los científicos han encontrado estrellas que son 100 veces más grandes en diámetro que nuestro sol. Verdaderamente, estrellas enormes.

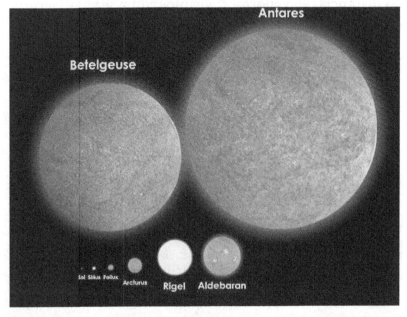

Figura 3

El Sol se mueve alrededor de la Vía Láctea a 220 kiló-metros por segundo con los planetas siguiéndolo.

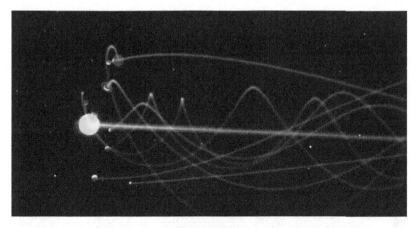

Figura 4

La estrella más próxima a la Tierra es Alfa Centauro y se encuentra a 4.25 años luz, es decir la distancia que reco-rre la luz en 4 años y 4 meses: más de 40.000.000.000.000 kilómetros.

Sabemos también que la Vía Láctea tiene entre 200.000 y 400.000 millones de estrellas.

Figura 5 - La Vía Láctea

El sistema solar se desplaza a una velocidad estimada de 901.000 km/h y tarda 225 millones de años en completar una vuelta completa, pero hay un dato inquietante: la especie humana solo tiene 200 mil años.

El cielo estrellado que vemos pertenece al pasado. Es la luz que se emitió hace miles de años. Y cuanto más lejana es la estrella, mas antigua es la imagen que nos llega.

Luego de esta breve mirada sobre nuestros vecinos mas cercanos en el cosmos quedamos un poco sorprendidos. Las diferencias que existen con nuestras distancias, tamaños y tiempos cotidianos son impresionantes. Pero además hay otro factor que debemos asumir, y es que nuestra mente no está capacitada para entender esas dimensiones. Estamos tan acostumbrados a nuestra vida cotidiana - nuestra cueva- que no tenemos la capacidad de entender lo que pasa en el universo. Albert Einstein decía que "La mente humana, no importa que tan entrenada esté, no puede abarcar el universo. Estamos en la posición del niño pequeño que entra a una inmensa biblioteca con cientos de libros de diferentes lenguas. El niño sabe que alguien debe de haber escrito esos libros. No sabe cómo o quién. No entiende los idiomas en los que esos libros fueron escritos pero percibe un plan definido, un orden misterioso, el cual no comprende, sólo sospecha. Vemos un universo que obedece ciertas leyes, pero apenas entendemos esas leyes. Nuestra mente limitada no puede entender la fuerza misteriosa que mueve a las constelaciones. "

CAPITULO 2: LAS FUERZAS INVISIBLES

Para expresarlo en forma sencilla diremos que en el universo existe la materia y la misma está en movimiento. Digamos que los cuerpos al moverse toman direcciones de acuerdo a los campos de gravedad que encuentren en su trayectoria. Cuando un cuerpo gira alrededor de otro, decimos que ingresa en su órbita y se denomina sistema orbital.

Las órbitas

Las órbitas se analizaron por primera vez de forma matemática por el astrónomo y matemático alemán Johannes Kepler, quien fue el que formuló los resultados en sus tres leyes del movimiento planetario, publicadas en 1.609 en su obra Astronomia Nova, que describen el movimiento de los planetas. La primera, encontró que las órbitas de los planetas en el Sistema Solar son elípticas y no circulares, como se pensaba antes, y que el Sol no se encontraba en el centro de sus órbitas sino en uno de sus focos. La segunda, que la velocidad orbital de cada planeta no es constante, como también se creía, sino que la velocidad del planeta depende de la distancia entre el planeta y el Sol. Y la tercera, Kepler encontró una relación universal entre las propiedades orbitales de todos los planetas orbitando alrededor del Sol. Para cada planeta, la distancia entre el planeta y el Sol al cubo, medida en unidades astronómicas, es igual al periodo del planeta al cuadrado, medido en años terrestres.

Utilizando las leyes del movimiento planetario fue capaz de predecir el tránsito de Venus del año 1.631 con lo que su teoría quedó confirmada. Podemos encontrar millones de cuerpos orbitando en el universo. Todos tienen una característica común: están en equilibrio. Se debe a que existen dos fuerzas universales llamadas fuerza de gravedad y fuerza centrífuga. Esto es lo que sucede entre la Tierra y el Sol: debido a su velocidad, la Tierra tiende a seguir su trayectoria en línea recta, pero la fuerza de gravedad del Sol ejerce atracción sobre ella. La fuerza centrífuga es una consecuencia de la velocidad de la tierra y del movimiento circular.

Figura 6

La fuerza de gravedad

"La unión hace la fuerza"

La gravedad es una fuerza de atracción que existe siempre entre dos cuerpos. La gravedad depende de la masa y de la distancia que los separa, cuanta más masa tienen y más cerca están, mayor es la fuerza de gravedad. Cuando se separan el doble, la fuerza se reduce a un cuarto. La gravedad actúa como si toda la masa de un cuerpo se concentrase en un único punto, el centro de gravedad. La zona esférica alrededor de un cuerpo donde actúa su gravedad es el campo gravitacional.

Los primeros pasos en el estudio de la fuerza de gravedad fueron dados por Aristóteles (384 a. C. – 322 a. C.). El primero en modificar y criticar durante la Edad Media la teoría de gravedad de Aristóteles fue Juan Filópono, y posteriormente procedieron de igual manera varios físicos musulmanes. Jafar Muhammad ibn Musa ibn Shakir (800-873) del Banu Musa escribió el Movimiento Astral y La Fuerza de Atracción, donde descubre que existe una fuerza de atracción entre los cuerpos celestes, anticipando lo que sería la ley de gravitación universal de Newton. Galileo Galilei, quien fue el primero en medir la aceleración de la gravedad.

La ley de gravedad fue formulada por Isaac Newton y publicada en 1684 en su libro "Philosophiae Naturalis

Principia Mathematica" en donde enuncia la "Ley de Gravitación Universal", entre otros grandes descubrimientos que marcaron las bases de la física clásica.

Newton demostró que las leyes de Kepler derivan de su teoría y que, en general, las órbitas de los cuerpos que responden a la fuerza gravitatoria eran secciones cónicas. También demostró que un par de cuerpos siguen órbitas de dimensiones que son inversamente proporcionales a sus masas sobre su centro de masas común.

De esta famosa ley se desprende que dos objetos se atraen entre sí con la misma fuerza, pero en direcciones opuestas y con una aceleración inversamente proporcional al cuadrado de la distancia que los separa, lo cual quiere decir que cuanta más cantidad de materia tenga un objeto, mayor fuerza gravitatoria ejerce sobre otro. La teoría de Newton permitió explicar gran cantidad de fenómenos naturales que hasta entonces habían sido un misterio, como los movimientos de los planetas, las mareas o las leyes que rigen la caída de los cuerpos.

Otra característica muy importante es que la fuerza de la gravedad tiene una influencia infinita, o sea que aunque la distancia se haga muy grande, ésta siempre existe, por más pequeña que sea.

La fórmula de la Ley de Gravedad de Newton es:

$$F = G\frac{m_1 m_2}{r^2}$$

En donde

G es la constante de Gravitación Universal.

r es la distancia entre los dos cuerpos

m es la masa

Esta fórmula es que condensa todo lo que Copérnico, Kepler y Galileo habían tratado de explicar acerca del sistema solar. Puede utilizarse para explicar cómo gira la Tierra en torno al Sol porque ambos cuerpos tienen masa y en consecuencia se produce una atracción mutua entre ellos. Es la Tierra la que gira en torno al Sol y no viceversa porque la Tierra es mucho más masiva que el Sol.

No hay que confundir la fuerza de gravedad con la presión atmosférica. Esta ejerce presión sobre todo lo que se encuentra en la Tierra. En julio de 1971 el astronauta David R. Scott se situó ante la cámara del módulo lunar con una pluma de halcón en una mano y un martillo en la otra. Soltó ambos objetos al mismo tiempo y demostró al mundo que ambos llegaban al suelo lunar a la vez.

La fuerza centrífuga

La fuerza centrífuga es aquella generada por la velocidad de un objeto que al tener un movimiento circular tiende a seguir su movimiento recto, o sea la tangente y también fue enunciada por Isaac Newton en su libro "Las Leyes del Movimiento". En realidad es una fuerza ficticia porque es la consecuencia. Se puede expresar como una fuerza asociada a una masa m en un sistema de referencia en rotación con una velocidad angular ω y en una posición $\mathbf{r}$ respecto del eje de rotación:

$$|\mathbf{F}_{cf}| = m\omega^2\mathbf{r}$$

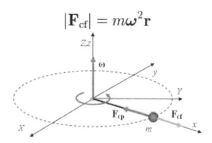

Si tomamos un objeto, lo atamos a una soga y lo hacemos girar alrededor nuestro como se muestra en la figura 7, vamos a notar una fuerza que empuja la esfera hacia afuera. Su nombre "fuerza centrífuga" se debe a que se fuga del centro. En realidad no es una fuerza, sino la consecuencia del giro del objeto. De manera que debemos hacer fuerza con nuestro brazo hacia el centro para contrarrestar esta fuerza, la que se denomina fuerza centrípeta.

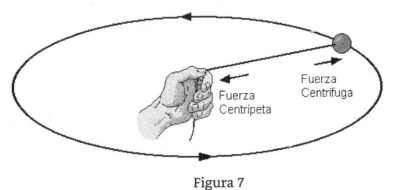

Figura 7

La geometría curva

"El espacio le dice a la materia como moverse, la materia le dice al espacio como curvarse." ~ *John Wheeler.*

Albert Einstein revisó la teoría newtoniana describiendo la interacción gravitatoria como una deformación de la geometría del espacio-tiempo por efecto de la masa de los cuerpos. Según Einstein, no existe el empuje gravitatorio sinó que dicha fuerza es una ilusión, un efecto de la geometría. La inspiración le vendría por un experimento mental ideado por un genio brillante, Paul Ehrenfest, que se conoce como la paradoja de Ehrenfest.

Recordemos el cálculo del número Pi:

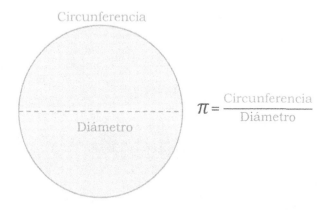

$$\pi = \frac{Circunferencia}{Diámetro}$$

Medimos la circunferencia. Anotamos la distancia medida. Ahora imaginemos que medimos la circunferencia viajando en una nave espacial a una velocidad muy alta. Nuestra sorpresa va a ser grande al ver que la longitud de la circunferencia es menor. Sucede que la misma sufre la contracción Lorentz de la relatividad, o sea la circunferencia se hace mas pequeña, algo que no pasa al medir el diámetro. O sea que obtenemos un número menor que Pi. Cómo es posible ? La respuesta está en la geometría curva que viene a reformular todo lo conocido en la geometría Euclídea, que durante mas de 2.000 años fue la única geometría posible. Einstein lo vió muy claro: el espacio tiempo está curvado.

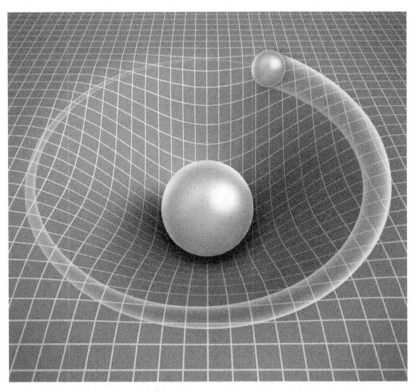

Figura 8

La rotación terrestre

Lo que nos interesa saber es cómo nos afecta las fuerzas de gravedad y centrífuga, para lo cual tendremos que analizar lo que sucede en la Tierra.

El famoso matemático Copérnico, quien fuera precursor de grandes avances científicos, fue quien sentó las bases sobre la rotación de la Tierra, pero fue el físico y astrónomo italiano Galileo Galilei (1.564-1.642) el primero en afirmar que la Tierra giraba alrededor del Sol, lo que contradecía la creencia de que la Tierra era el centro del Universo. Se negó a obedecer las órdenes de la Iglesia católica para que dejara de exponer sus teorías, y fue perseguido y obligado a retractarse. Lejos de darse por vencido, se dice que después de la abjuración Galileo pronunció la frase "Eppur si muove" (y sin embargo se mueve). Junto con Kepler, comenzó la revolución científica que culminó con la obra de Isaac Newton.

El primero en demostrar experimentalmente la rotación terrestre fue León Foucault en 1.851 mediante un enorme péndulo, el llamado "péndulo de Foucault", que se balanceaba en el Observatorio de París. Una demostración impactante fue realizada el 26 de marzo, en el Panteón de París. Ofició de péndulo una bala de cañón de 26 kg colgada de la bóveda mediante un cable de 67 m de largo, y que tardaba dieciséis segundos para ir y volver cada vez. Adherido a la bala, en su parte inferior, había un pequeño estilete y el suelo del Panteón estaba cubierto de arena. En cada ida y vuelta el estilete dejaba una marca diferente en la arena, cada una de ellas unos dos milímetros a la izquierda de la anterior, lo que evidenció el giro de la Tierra.

Figura 9 - El péndulo de Foucault

La rotación terrestre es un movimiento circular que hace la Tierra entorno a su eje polar geográfico, siendo su periodo de 24 horas respecto al sol llamado día solar y de 23 horas 56 minutos y 4 segundos respecto a una estrella fija, llamado día sideral. En realidad la duración de los días ha sido cada vez más larga. En los comienzos, cuando la tierra era nueva, la duración de un día era de aproximadamente 21 horas. Luego, en el período Devónico, 21,8 horas. Al comienzo del Paleozoico la duración de un día era de aproximadamente 22,4 horas. La rotación de la Tierra parece estar desacelerando aproximadamente 2 segundos cada 100.000 años. Este fenómeno se debe a que las mareas producidas por la Luna reducen la velocidad de rotación de la Tierra. La dirección de la rotación terrestre es de Oeste a Este (rotación directa) y esta es la causa por la cual el Sol aparece siempre por el Este, amaneciendo así primero aquellos lugares de la Tierra cuya ubicación es más oriental. La velocidad de rotación varía según la latitud. En zonas de baja latitud, un punto cualquiera de la superficie terrestre se desplaza a 1.670 kilómetros por hora y va disminuyendo a medida que nos acercamos a los polos.

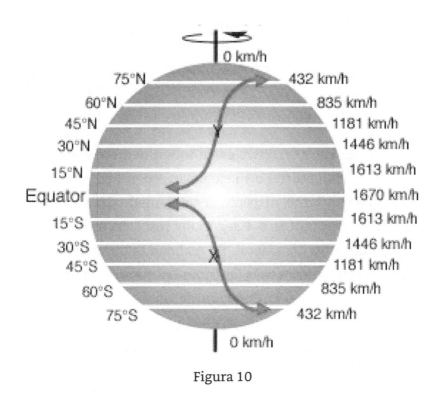

Figura 10

También produce el efecto coriolis, proceso por el cual los ríos, océanos y los vientos se desvían hacia la derecha en el hemisferio norte y hacia la izquierda respecto a su trayectoria en el hemisferio sur. Como resultado de todo esto las corrientes marinas y los anticiclones giran en sentido anti horario en el hemisferio sur y a la inversa en el hemisferio norte.

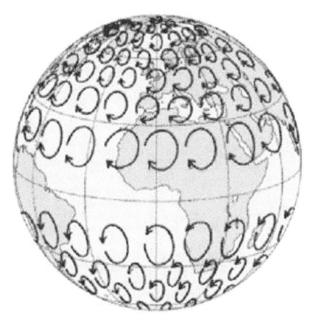

Figura 11

La rotación determina la sucesión de los días y de las noches, la activación del campo geo-electromagnético. Debido la rotación los países orientales amanecen, atardecen y anochecen primero que los países occidentales y tienen por consiguiente las horas y las fechas adelantadas. Otras consecuencias que se relacionan con la rotación terrestre son el movimiento aparente del firmamento hacia el oeste y la desviación de la caída libre hacia el este.

CAPITULO 3: LOS OPUESTOS YIN Y YANG

C omo vimos anteriormente existen dos grandes fuerzas en los sistemas orbitales llamadas fuerza de gravedad y fuerza centrífuga. Nacimos y vivimos bajo la influencia de estas tendencias sutiles pero constantes, que existen desde que la Tierra comenzó a girar alrededor del Sol. Incluso podemos ir más allá, es muy probable que la vida haya comenzado gracias a estas fuerzas. Generan muchos efectos y consecuencias con variadas manifestaciones, como algo que puede ser tan obvio para nosotros como lo son el día y la noche. Todos los seres vivos han evolucionado obedeciendo a estas leyes a lo largo de millones de años. Las plantas lanzan sus raíces hacia el suelo para buscar nutrientes y los animales y seres humanos han configurado sus sistemas sanguíneos, digestivos, musculares y óseos en función de las limitaciones o ventajas aportadas por estas fuerzas.

Los sabios chinos de la antigüedad descubrieron estas tendencias y las llamaron Yin y Yang. Y observaron que representan la dualidad de todo lo existente en el universo. Son las dos caras de una misma moneda, las dos se encuentran siempre presentes en cada fenómeno, habiendo siempre una que domina. Así que se dirá que algo "es Yin" o "es Yang" según se discierna cuál de las dos fuerzas es preponderante. La representación gráfica del Yin-Yang significa dos fuerzas independientes en un movimiento continuo y equilibrado.

Figura 12

El Yin

El Yin corresponde a la fuerza centrífuga, de expansión, tiene una dirección de adentro hacia afuera de un objeto, de desconcentración. El Yin es lo pasivo, lo ligero, lo blando, lo débil, la oscuridad, la escasez, la muerte. El Yin produce silencio, frío, oscuridad, escasez. En cuanto a los sentimientos podemos asociarlo al temor, al miedo, la soledad, la melancolía, la tristeza, su extremo es la depresión o el pánico.

El Yang

El Yang es la fuerza de concentración y está asociada a la fuerza de gravedad. Tiene una dirección de afuera hacia el centro de un objeto, es de contracción. El Yang está asociado a la vida, a la abundancia, la luz, el calor. Es todo aquello que es pesado, duro, fuerte, macizo, masculino. El Yang produce atracción, sonido, movimiento, claridad, actividad, abundancia, Y en relación a los sentimientos diremos que el Yang es esperanza, alegría, entusiasmo, la euforia y su extremo es la ira o la violencia.

Las leyes del Yin y Yang

El filósofo y pensador japonés George Ohsawa (1893-1966) es el fundador de la Macrobiótica. Se trata de un sistema tanto filosófico como práctico, su objetivo es actualizar el antiguo principio único oriental (o principio del Yin y el Yang), que según Ohsawa constituye la base de la ciencia y de todas las filosofías y religiones de Extremo Oriente, con el fin de presentarlo de una manera comprensible para el pensamiento occidental.

1) **Yin y Yang son opuestos**. Todo lo que tiene frente tiene dorso.

2) **Yin y Yang son proporcionales**. Cuanto mayor es el frente mayor es el dorso.

3) **Yin y Yang son dependientes**. No pueden existir el uno sin el otro.

4) **Yin produce Yang y Yang produce Yin**. En todo Yin hay una semilla de Yang y viceversa.

5) **No existe el Yin ni el Yang absoluto**. En todo Yin hay una semilla de Yang y viceversa.

6) **Yin atrae a Yang y Yang atrae a Yin**. Como consecuencia, Yin repele a Yin y Yang repele a Yang.

7) **Yin y Yang son parte de un todo**. El Yin y el Yang son componentes del Principio Único.

El dualismo

Se llama dualismo a la doctrina que afirma la existencia de dos principios antagónicos. Es el concepto del Yin y Yang expresado desde una concepción filosófica. El dilema que se plantea es, pueden suceder dos cosas al mismo tiempo? La realidad es todo lo que sucede en un espacio en un determinado período de tiempo. El problema es que nosotros no vemos la realidad tal cual como es, sinó como nos llega a nuestros ojos y a nuestra mente en determinado momento, ya que no vemos la realidad en toda su dimensión. La siguiente imagen es muy ilustrativa para explicar el dualismo. Desde un lugar se observa un cuadrado y desde otro punto de vista un círculo, depende de donde se encuentre el observador. Nos recuerda lo que afirmaba Albert Einstein, todo es relativo. De la misma manera sucede con todos los dualismos.

Figura 13 - El dualismo

La concepción dualista ha sido una constante en las ciencias dedicadas al estudio de los seres humanos y su debate dentro de la filosofía ha sido una constante a través de los años. Se encuentra en Pitágoras con la oposición entre límite e ilimitado, par e impar; en Empédocles con el contraste entre la amistad y el odio, que Aristóteles interpreta como el Bien y el Mal. Anaxágoras con el caos primitivo y la inteligencia; en los atomistas, con el vacío infinito y la multiplicidad de corpúsculos invisibles. Se acentúa en Platón, con los dos mundos: el mundo inteligible de las ideas, eterno, inmutable y necesario, y el mundo sensible de la materia, temporal, mudable y corruptible. Descartes acentúa el dualismo entre el espíritu y la materia. Kant introduce un nuevo dualismo: entre la razón pura y la razón práctica, el mundo natural de la apariencia y el determinismo, y el mundo moral de la realidad en sí y la libertad, y así podemos seguir hasta nuestros días. En la filosofía china se utilizan los términos Yin y Yang para indicar la dualidad de todo lo que existe en el universo. Suceden al mismo tiempo, depende del punto de vista. Por eso es aconsejable no creerse uno el dueño de la verdad y respetar la opinión de los demás. Con el transcurso del tiempo y de la experiencia en la vida aprendemos a ver la realidad en forma integral.

El Tao

El Tao puede traducirse como "El camino", pero en realidad el Tao que puede ser nombrado no es el verdadero Tao. Querer ponerle un nombre es querer entenderlo, controlarlo, poseerlo, por esa razón el nombre "Tao" es lo mas aproximado a lo que nuestra razón puede entender. Es lo que comunmente conocemos como "dejarnos fluir", aceptar que la única constante en el universo es el cambio y que debemos aceptar este hecho y estar en armonía con ello. Es como el vuelo de una mariposa, si uno la captura y la clava con un alfiler para su exibición, mata su escencia. La escencia de la mariposa es que vuele libre.

El Taoísmo

El taoísmo es una corriente filosófica que surgió en China en la época de las Cien escuelas del pensamiento (770 - 221 a.C.), y que constituyen la base del pensamiento oriental actual. Su mayor pensador fue Lao-Tse. Basa su filosofía en la armonía inherente de la naturaleza definida como Tao, "el camino" en español. La descripción del Tao se encuentra en el libro *Tao Te Ching* que significa "Libro del camino y la virtud" La obra es una recopilación de varios autores de la misma doctrina, cuyo autor principal es Lao-Tse. Aunque el taoísmo no nació como una religión, en el siglo II d.C se impuso como doctrina de culto en China, y el sacerdote imperial Zhang Daoling se convirtió en el primer pontífice de esta creencia.

Taoísmo como sistema filosófico

Estas son algunas de las características del taoísmo, entendido como corriente filosófica.

- Exalta valores como la compasión, bondad, piedad, sacrificio, honestidad, equidad, enseñanza, análisis, introspección, armonía con la naturaleza, abnegación y magnanimidad.
- Carece de un dogma al cual se deba seguir.
- Rechaza conceptos o creencias basados en el prejuicio o sometimiento dogmático, como la sumisión religiosa, los nacionalismos o la lealtad filial.
- Defiende la armonía del hombre con el Tao y cree en el curso etéreo de los acontecimientos.
- Expone el concepto *wu wei*, que significa fluir, y está asociado a la armonía con la naturaleza.
- Enaltece la quietud como una manera de lograr la armonía, con el objetivo de estar completamente en el Tao: el encuentro con el yo verdadero.

Taoísmo como religión

Como sistema religioso, el taoísmo incorpora ideas de la escuela naturalista, o escuela Yin-Yang. Estos son algunos de sus fundamentos más representativos.

- Está basado en la existencia de dos fuerzas: una activa (yang), una pasiva (yin) y un espacio común que contiene a éstas, llamado Tao.
- El Tao es la fuente de la que emana todo lo que existe y no puede ser alcanzado por el pensamiento humano. De allí que una de las sentencias principales del *Tao Te Ching* es: "el Tao que puede ser nombrado no es el verdadero Tao".
- El Tao no tiene espacio ni tiempo y es la fuente del orden natural que explica por sí mismo el comportamiento de las cosas. De allí que el taoísmo proponga un entendimiento e integración del hombre con el fluir de la naturaleza.
- Para recorrer el camino del Tao es necesaria una preparación espiritual que involucra la práctica del silencio y la quietud. Solo en un estado de total relajación es posible contemplar el alma.
- Aplica el principio de la no acción que establece que no debemos intentar controlar o interferir con el orden natural de las cosas. De lo contrario, nos desconectamos del Tao.
- Todo tiene un fluir natural, por lo que se debe evitar aquello que se sienta forzado o alejado de las pasiones genuinas. (8)

Clasificaciones

No tiene sentido clasificar todos los elementos en Yin-Yang porque serían infinitas categorías. Pero podemos enumerar algunos ejemplos.

Yin	Yang
noche	día
espíritu	materia
oscuridad	luz
pasivo	activo
femenino	masculino
escasez	abundancia
negativo	positivo

En biología:

	Yin	Yang
vida	vegetal	animal
vegetales	hojas, tallos	raíces, frutos
sistema nervioso	ortosimpá-tico	parasimpá-tico
género	femenino	masculino
sabor	dulce	salado
vitaminas	C, B	D, K, E, A

Los siguientes elementos y fenómenos físicos son la expresión de estas fuerzas.

	Yin	Yang
tendencia	expansión	contracción
posición	exterior	interior
color	violeta	rojo
temperatura	frío	calor
peso	liviano	pesado
elemento	agua	fuego
Ph	ácido	alcalino
átomo	electrón	protón
elementos químicos	potasio, oxígeno, calcio, hidrógeno, Mn, Zn, F, Sr, Pb.	sodio, carbono, magnesio, As, Li, Hg, Ur

Apariencia y funcionalidad

La funcionalidad es Yang, en cambio la apariencia es Yin. Las herramientas no tienen belleza, pero sirven para construir una casa. Las flores no son útiles, pero alegran la vida. En el año 400 a.c. Confucio expresaba: "Yo compro arroz y flores. Arroz para vivir y flores para tener algo por lo que vivir".

En el libro Tao Te Ching – Capitulo XI, Lao Tse expresa:

"Treinta radios convergen en el centro de una rueda,
pero es su vacío lo que hace útil al carro.
Se moldea la arcilla para hacer la vasija,
pero de su vacío depende el uso de la vasija.
Se abren puertas y ventanas en los muros de una
casa,
y es el vacío lo que permite habitarla.
En el ser centramos nuestro interés,
pero del no-ser depende la utilidad."

Las personalidades Yin y Yang

Observamos que el Yin se relaciona con todo lo que es sentimental, creativo, estético, relajado, tranquilo, calmado. Y el Yang se asocia con todo lo que es activo, dinámico, práctico, rápido, conversador, decidido.

Podemos identificar si tenemos características más Yin o más Yang: si eres una persona que tiende a ser tranquila, pasiva, de andar lento, físicamente delgada, friolenta, de dedos largos, personas de ojos grandes, son personas de características Yin. Son personas que comen lo que quieren y no engordan. Son soñadores, sensibles, pensativos, artistas, funcionan a través de lo que quieren hacer, o sea por convencimiento ya que domina el "yo quiero". Quien tiene mucho Yin se enoja mucho, quien tiene excesivo Yin se manifiesta deprimido.

En cambio las personas Yang son personas activas, dinámicas, alegres y divertidas, pero también competitivas. En cuanto a sus características físicas, tienen tendencia a aumentar de peso, son fuertes, de manos mas cuadradas, pies anchos, son personas de ojos pequeños, hablan mucho y son calurosas, siempre encienden el aire acondicionado. Son personas muy trabajadoras y tienden a ser muy constantes y rutinarias. En su personalidad predomina el "yo debo". Quien tiene mucho Yang tiene mucha alegría, quien tiene excesivo Yang se manifiesta maníaco.

Ciclos

Los periodos Yin-Yang tienen una duración determinada. Hay que dividir en los ciclos reales y los virtuales, creados por el hombre, como pueden ser políticos, económicos, artísticos, etc. pero que también dependen de los reales. Pueden durar poco tiempo, por ejemplo el ciclo del día y la noche o varios años, incluso puede haber ciclos que abarquen generaciones.

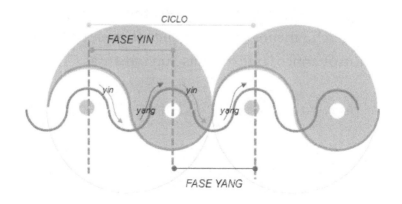

Figura 14

La repetición de ciclos a lo largo del tiempo da origen a lo que llamaremos ritmo. Observemos las leyes de la polaridad en un ejemplo concreto como la respiración que da al ser humano la experiencia básica de la polaridad. Inhalación y exhalación se alternan constante y rítmicamente. Ahora bien, el ritmo que forman no es más que la continua alternancia de dos polos. El ritmo es el esquema básico de toda vida. Lo mismo nos dice la física que afirma que todos los fenómenos pueden reducirse a oscilaciones. Si se destruye el ritmo se destruye la vida, pues la vida es ritmo (4).

También hay que considerar que los ciclos dependen de los tamaños, por ejemplo a nivel atómico, las partículas tienen mucho menos distancia que recorrer, en cambio a nivel astronómico las distancias son inmensas.

CAPITULO 4 : LA VIDA

V ivimos en un planeta privilegiado, en donde la distancia de la Tierra al Sol es ideal para que la temperatura sea óptima para la existencia de la vida. La temperatura permite que el agua tenga estado líquido, sin lo cual las plantas no tendrían savia y los animales no tendrían sangre ni fluidos. Y también, como vimos anteriormente, tenemos la suerte que las fuerzas del Yin y el Yang están en un equilibrio perfecto. Sin este equilibrio que hace que el Yin y el Yang estén dosificados la vida no sería posible. No hay vida posible en las explosiones ni en los colapsos. Las fuerzas invisibles del Yin y el Yang se manifiestan de diversas formas y la vida es una de las mas maravillosas manifestaciones Yang. La naturaleza le ganó al tiempo, la reproducción de las especies es una maravilla de la creación. Pero al hablar de vida no podemos dejar de mencionar a su opuesto Yin, la muerte. Es el resultado de la alternancia Yin y Yang por el cual los seres vivos han podido evolucionar, desde el primer organismo en la Tierra, hace 4.150 millones de años.

¿Qué es la vida? las células vivas son un sistema bioquímico complejo, que realizan determinadas funciones que las diferencian de los sistemas químicos no vivos, y son:

- Nutrición
- Relación
- Reproducción

Durante los primeros tres mil quinientos millones de años de vida en la Tierra, la biosfera consistía en una población masiva de organismos unicelulares individuales, tales como bacterias, fermentos, algas y protozoos. Luego las células individuales comenzaron a unirse en colonias multicelulares. La conciencia colectiva adquirida en una comunidad de células era mucho mayor que la conciencia de una célula individual. La asociación es un factor en la supervivencia de los organismos, la experiencia comunitaria ofrecía a sus individuos muchas más oportunidades que aquellas que permanecían aisladas.

Con el transcurso del tiempo los organismos unicelulares del Precámbrico se fueron diversificando, expandiendo y asociando. Necesitaron casi 2.000 millones de años para conseguir organizarse en formas más complejas. Mientras tanto, la corteza siguió enfriándose, la atmósfera inició una transformación y los océanos se estabilizaron, relativamente. Hace unos 560 millones de años aparecieron los primeros organismos pluricelulares. A partir de aquí se da por terminado el Proterozoico y, con él, el Precámbrico.

A lo largo del oscuro Precámbrico se formaron una

buena parte de la base material que constituye la corteza de la Tierra, en la cual se producen los fenómenos geológicos que más nos afectan. Con la aparición de los organismos pluricelulares se inicia el Fanerozoico, época que se caracteriza por un gran número de fósiles que demuestran la presencia de vida pluricelular en un planeta habitable. Durante la evolución de la vida en la Tierra, las células se asociaron para formar organismos más complejos y fuertes. Las que más evolucionaron fueron las que más se asociaron y especializaron. Los seres humanos tenemos desarrollada la asociación de células que más ha evolucionado, el cerebro, que nos dan la inteligencia.

Las especies también se asocian para beneficiarse mutuamente. En forma similar, las sociedades humanas los individuos también se asocian y especializan en sus funciones. Formar parte de un ente da más ventajas a los individuos y las posibilidades de sobrevivir y de crecer se potencian. Es una de las características Yang del ciclo de la vida, la relación.

CAPITULO 5: ¿SE PUEDE MODIFICAR EL YIN-YANG ?

"Reflexionar quiere decir observar en términos de Yin y Yang, que son las llaves del Reino de los Cielos. Para quien conoce las tendencias Yin y Yang y sabe equilibrarlas, el universo y la vida constituyen la mejor escuela posible. Para quienes no conocen este Principio, la vida es confusa." ~George Ohsawa

Todo lo que existe sobre la tierra está influenciado por el Yin-Yang, incluso nosotros mismos. Cómo podemos aplicar todo esto en nuestra vida? que digamos, siempre es la finalidad. En realidad habría que ver para qué queremos modificar nuestro Yin-Yang. Deberíamos analizar si nuestra vida está en armonía, y en caso contrario que deberíamos modificar para retomar nuestro equilibrio natural. Hay incontables formas de aplicar el Yin-Yang en nuestro beneficio, todo depende que queremos hacer.

Por un lado nuestro cuerpo tiene un equilibrio que depende de diversos factores: nuestra contextura física, los alimentos ingerimos, la edad, la actividad que realizamos, como nos vestimos. Y por otro lado el medio que nos rodea influye sobre nosotros: en donde vivimos, el clima, el Feng Shui de nuestra casa, la gente que nos rodea, las plantas, los animales. Pero también nos condiciona la época y el momento político-económico en el cual vivimos. Incluso la información que recibimos modifica nuestro equilibrio emocional.

El Yin Yang es un concepto que no estamos acostumbrados a tener en cuenta cuando analizamos una situación. Muchas veces podemos encontrar soluciones mucho más simples con un beneficio mayor y más económico.

Modificadores del Yin y el Yang

La temperatura: El frío (Yin) nos pone activos y nos predispone a realizar actividades físicas (Yang). Y si queremos dormir, lo más apropiado va a ser encender la calefacción ya que nos va a inducir al sueño (Yin).

Las regiones frías (Yin)	producen	animales fuertes (Yang)
Las regiones cálidas (Yang)	producen	vegetales de hojas frondosas (Yin)
Sexo femenino (Yin)	produce	óvulos (Yang)
Sexo masculino (Yang)	produce	espermatozoides (Yin)
Semillas (Yang)	producen	plantas (Yin)

El agua tiene el siguiente comportamiento al aplicar temperatura:

aplicando	se produce
frío (Yin)	hielo (Yang)
calor (Yang)	vapor (Yin)

La luz: La luz del Sol es la energía Yang que permite la vida en la Tierra. La luz y la oscuridad son de suma importancia para el descanso ya que la regulación de los patrones del sueño en todos los seres vivos depende de la luz solar. Al usar luz artificial estamos modificando nuestro equilibrio, ya que la luz nos pone activos (Yang).

La actividad: El ejercicio físico es la forma más efectiva de ponernos Yang. Nacimos para movernos, nuestro cuerpo está hecho para la acción pero el mundo moderno nos lleva a realizar actividades sedentarias. La actividad física nos pone más alegres, menos temerosos, más saludables. En efecto, si realizamos actividad física nos vamos a poner más Yang. En cambio si realizamos tareas pasivas, vamos a tener un carácter más Yin y nos vamos a enfermar más.

La actitud: Nuestra mente también está regida por las tendencias Yin Yang, nuestra actitud es la que va a determinar nuestro comportamiento. Hay varias formas de modificar nuestra actitud: escuchando música o cantando, rezando, leyendo, aprendiendo. "Hay una fuerza motriz más poderosa que el vapor, la electricidad y la energía atómica: la voluntad" – Albert Einstein.

Las relaciones: Participar de actividades grupales es Yang y nos contagia Yang. Cuanto mas grande sea el grupo de gente que uno participe, mas Yang será el grupo. La soledad es Yin y nos pone mas Yin.

El timing: Saber leer la realidad y saber esperar el momento oportuno, se llama timing y lo da la experiencia. Esto significa dejar transcurrir el tiempo hasta que cambie el ciclo. Hay pocas cosas que resultan imposibles de la mano de la paciencia.

La alimentación: Comiendo comida Yang tendremos comportamiento y cuerpo yang. Si comemos comida Yin tendremos comportamiento y cuerpo Yin. Ver Capitulo 6

El Feng Shui: Ver Capitulo 7

Historia del campesino

Había una vez un campesino que tenía un caballo. Un día olvidó cerrar la tranquera y el animal escapó. El vecino vino y dijo: ¡qué mala suerte! usted perdió un caballo. El hombre respondió, "Lo único cierto es que se ha escapado un caballo. Mala suerte? quién lo sabe?"

Dos días más tarde el caballo regresó. Una docena de caballos lo siguieron a la casa. Más tarde, el vecino vino otra vez. ¡Qué fortuna ! usted tiene ahora una tropilla de caballos. El hombre volvió a responder "El único hecho cierto, hoy aquí, es que han venido varios caballos. Fortuna ? quién lo sabe..."

El hijo del granjero intentó domar a uno de los caballos pero cayó al suelo y se rompió una pierna. El vecino vino de nuevo y dijo "que desgracia, por culpa del caballo nuevo tu hijo se rompió la pierna". El hombre nuevamente respondió, "El único hecho cierto, hoy aquí, es que mi hijo se rompió la pierna. Desgracia? quién lo sabe?".

Al poco tiempo el país entró en guerra, y reclutaron a todos los jóvenes del pueblo. Pero el hijo del granjero no, ya que su pierna estaba rota. El vecino fue otra vez, y le dijo "Que suerte que ha tenido tu hijo! debido a la herida no fue reclutado a la guerra ". Una vez más, el granjero respondió, "Buena suerte? quién lo sabe..."

Cuento tradicional Chino

CAPITULO 6: LA ALIMENTACIÓN

La alimentación es de suma importancia en nuestra vida ya que nos proporciona la energía que necesitamos para poder vivir y la salud para que nuestro cuerpo cumpla con sus funciones. Nos permite disfrutar de la vida en todo su esplendor y tener sensibilidad con el medio que nos rodea. Nosotros somos literalmente lo que comemos. Los alimentos crean nuestra sangre que va a nutrir las células, los órganos, el cerebro. Sin alimentos la vida no es posible.

La Macrobiótica aplica la filosofía del Yin-Yang en la alimentación, con el objetivo de ayudar a lograr la autorrealización. El origen de la palabra griega "macro" grande y "bio" vida le da el significado de "vivir en forma plena". El concepto que se aplica es manejar nuestro equilibrio yin yang mediante el consumo de los diferentes alimentos, ya sea que estemos en actividad o en reposo, en climas fríos o en climas cálidos, necesitamos curarnos o evitar situaciones críticas y vivir en libertad y armonía de acuerdo a las leyes de la naturaleza.

Cuando ingerimos un alimento, este pasa a formar parte de nuestro organismo. Nos nutre, como dijimos anteriormente, somos lo que comemos. Es lógico deducir que los alimentos saludables son los naturales, los cereales, las verduras y las frutas sobre todo de estación.

Las personas que comen alimentos muy Yin, se vuelven Yin, calladas, pasivas y se enferman más. En cambio las personas que comen alimentos Yang se vuelven Yang, son más alegres, divertidas, pero en ocasiones se ponen agresivas. ¿Porqué los alimentos enlatados, conservas, y muchos otros son perjudiciales para nuestro cuerpo? Porque algunos son muy Yin y otros son muy Yang, y modifican nuestro equilibrio natural.

La presencia de síntomas crónicos causados por un exceso de Yin o de Yang en la alimentación siempre a través de un capricho o auto-indulgencia en la selección del alimento, es una advertencia de que algo no anda bien. Es muy frecuente encontrar síntomas como fatiga, dolor de cabeza, dolor de estómago, diarrea, enfermedades de la piel, carácter irritable, intolerancia y muchos otros. Si no corregimos esos desequilibrios corremos el riesgo de enfermarnos (Yin) o de tener accidentes (Yang). La enfermedad ya es una alerta que nos muestra un desequilibrio importante en nuestro cuerpo y necesitamos estabilizarlo.

Teniendo una dieta equilibrada, sana y natural, compuesta por alimentos naturales, no producidos industrialmente ni tratados artificialmente vamos a tener una vida plena, con los siguientes beneficios:

Ausencia de cansancio
Buen apetito
Sueño profundo
Buena memoria
Buen humor
Rapidez de pensamiento

Según Ohsawa el equilibrio de nuestro organismo es de 7 a 1. Esta relación correspondería a la de la presencia del sodio (Yang) y el potasio (Yin) en la composición de nuestras células. El objetivo final de la Macrobiótica es proporcionar la mayor libertad posible, pero el camino para alcanzarla requiere un cierto conocimiento previo. Este conocimiento debería propiciar una toma de conciencia que permita captar la importancia de la alimentación en tanto que es base de toda manifestación de vida: sin alimentación no hay vida entonces la calidad de la alimentación determina la calidad de la vida. Una vez realizada esta toma de conciencia, se obtendría la libertad de actuar en verdadero conocimiento de causa.

Uno de los principios que Ohsawa utilizaba para resumir este sistema alimenticio y de vida era la noción de vivere parvo, es decir vivir sólo con lo que es necesario. La actitud que se desprende se puede traducir a través de unos principios básicos:

- Comer tan sólo cuando se tiene hambre y sólo la cantidad necesaria, no caer en excesos.
- Comer alimentos provenientes del lugar en el que se vive y de temporada.
- Evitar ingerir alimentos extremadamente Yin con el fin de favorecer la fortificación del sistema nervioso autónomo (que se considera que constituye la base de un sistema inmunitario eficaz).
- Tomar alimentos lo mas naturales posible. Harinas integrales, alimentos naturales sin aditivos químicos.
- Masticar concienzudamente cada bocado. Gandhi dijo que "debemos masticar nuestras bebidas y beber nuestros alimentos"
- Realizar actividad física

Otro factor importante relacionado con la cocina macrobiótica es el modo de preparar y cocinar los alimentos. Podemos corregir o cambiar el estado Yin o Yang mediante el calor y el frío. El calor es un factor importante que sirve para hacer más Yang algunos alimentos o para corregir el exceso de Yin. La sal también sirve para hacer más Yang los alimentos.

Un aspecto a considerar es la actividad física que uno realiza. Nuestro cuerpo necesita alimentos mas Yang si realizamos tareas para las cuales vamos a realizar fuerza física con nuestro cuerpo. En cambio para tener un buen desempeño en tareas Yin (pasivas) por ejemplo, creativas, nos conviene ingerir alimentos más Yin.

Y por último hay que considerar la estación climática. Los alimentos Yin están más indicados en verano y en época de calor. En cambio, los Yang son más apropiados para el frío y para el invierno.

El sodio y el potasio

Todos los seres vivos del reino animal están compuestos por células. Hay una proteína fundamental en la fisiología de las células llamada bomba de sodio y potasio, cuya función es el transporte de los iones inorgánicos más importantes en biología: el sodio (Na) y el potasio (K) entre el medio extracelular y el citoplasma, proceso fundamental en todo el reino animal. Se encuentra en todas las membranas celulares de los animales, en mayor medida en células excitables como las células nerviosas y células musculares donde la bomba puede llegar a acaparar los dos tercios del total de la energía en forma de ATP (adenin-tri-fosfato) de la célula.

Esta proteína fue descubierta por el danés Jens Skou por casualidad en los años 50', y por ello recibió el premio Nobel en 1997. Desde entonces la investigación ha determinado muchos de los aspectos tanto de la estructura y funcionamiento de la proteína, como de su función en la fisiología, de tremenda importancia en la medicina.

Una de las formas de catalogar a los alimentos es por la cantidad de sodio (Na) o potasio (K) que contienen. Básicamente diremos que el sodio es Yang y el potasio Yin. El sodio en colaboración con el potasio, regula el equilibrio de los líquidos. Contribuye al proceso digestivo manteniendo la presión que ejercen 2 líquidos o gases que se extienden y mezclan a través de una membrana permeable o un tabique (presión osmótica)

Al actuar en el interior de las células, participa en la conducción de los impulsos nerviosos. Regula el reparto de agua en el organismo e interviene en la transmisión del impulso nervioso a los músculos. Es precisamente la relación Na/K (sodio/potasio) la que nos permite abordar desde un punto de vista cuantitativo el concepto Yin-Yang en nuestra alimentación.

Na - SODIO
SALADO
CALENTADOR
ANIMAL

K - POTASIO
DULCE
ENFRIADOR
VEGETAL

ALIMENTOS EQUILIBRADORES

YANG

CEREALES
LEGUMBRES
VERDURAS

ALIMENTOS

SAL
CARNE
EMBUTIDOS
HUEVOS
...

PESCADO
...

AZÚCAR
LECHE
BOLLERÍA
ALCOHOL
...

ALIMENTOS

YIN

La dieta ideal

La dieta que nos ofrecen los comercios del mundo "desarrollado" es muy desequilibrada, muy alta en carbohidratos y en sodio. De esta forma actualmente la mayoría de personas al comer diariamente excesivas cantidades de carbohidratos almacena mucho más grasa de la que gasta, por lo que llevando una dieta adecuada se puede cambiar esto y que este sistema juegue a favor, manteniendo un nivel óptimo de grasa corporal y estabilizando el apetito y niveles de energía.

El exceso de sodio produce presión sanguínea alta (hipertensión), afecciones coronarias e infartos cardíacos. Irritabilidad, retención de líquidos y sobrecarga de trabajo para los riñones, que deberán eliminarlo por la orina. Este problema se agrava cuando el consumo de potasio es muy inferior con respecto al de sodio.

Somos fisiológicamente el resultado de miles de años de evolución, generación tras generación, con una alimentación muy específica de cada región, lo mismo con las actividades y la supervivencia, no es lo mismo haber vivido en el áfrica que en el polo, los cuerpos son genéticamente distintos. Nuestros antepasados sólo comían vegetales y animales, en formas variadas para obtener todos los nutrientes que necesitaban. Además comían mucho más esporádicamente, debido a que no tenían un aprovisionamiento constante de alimentos como tenemos en nuestros días, por eso el ser humano se adaptó a almacenar energía como grasa para usarla como energía en tiempos de escasez.

Uno de los problemas más comunes asociado al estilo de vida actual es el exceso de peso. La obesidad es uno de los principales factores de riesgo en el desarrollo de muchas enfermedades crónicas, como enfermedades respiratorias y cardíacas, la diabetes, la hipertensión, algunos tipos de cáncer, así como de muerte prematura. Son graves problemas que suponen una creciente carga económica sobre los recursos de un país. Afortunadamente, este mal se puede prevenir en gran medida si se introducen los cambios adecuados en el estilo de vida.

La civilización actual nos permite tener un mejor nivel de vida que hace años atrás, pero la pregunta es, "es realmente mejor el nivel de vida?". Mi opinión es que si no sabemos administrar bien los recursos, puede ser mucho peor. En cuanto a la alimentación, el hombre nunca va a poder producir alimentos artificiales mejores que los que nos provee la naturaleza, porque nosotros formamos parte de la naturaleza y evolucionamos comiendo alimentos naturales. Por suerte hoy en día se está creando una conciencia de comer alimentos de mejor calidad, integrales y orgánicos, evitando los alimentos artificiales, las harinas, el azúcar, las gaseosas, las conservas.

No existe una dieta "ideal", porque cada persona es diferente, pero siempre uno puede ir mejorando su dieta, descartando lo más perjudicial. Siempre insisto en que hay que volver a lo natural y reaprender a vivir en forma natural.

Hay un proverbio ayurvédico que dice "cuando la alimentación es mala, la medicina no funciona, cuando la alimentación es correcta la medicina no es necesaria". Son dos maneras de decir lo mismo: lo importante que es lo que comemos para nuestra salud. En la macrobiótica ese alimento-medicina supone un equilibrio de nutrientes y energía que si se rompe aparece la enfermedad, en donde el desequilibrio extremo es el cáncer. No hay nada prohibido para una persona sana (entendidos los excesos y alimentos extremos como excepción), pero si aparece la enfermedad es vital mirar con lupa lo que comemos para sanarnos.

El sodio en los alimentos

100 gr. de	contiene aproximadamente
Salsa de soja	5.000 mg
Sopas deshidratadas	5.000 mg
Mostaza	2.950 mg
Caldo en cubo	2.700 mg
Jamón crudo	2.500 mg
Chorizo	2.300 mg
Salame	2.000 mg
Queso roquefort	1.496 mg
Panceta	1.470 mg
Embutidos	1.200 mg
Cereales tipo desayuno	1.000 mg
Galletitas saladas	950 mg
Salchichas	870 mg
Salmón ahumado	780 mg
Papas fritas	700 mg
Quesos duros	620 mg
Hamburguesa	560 mg

El potasio en los alimentos

100 gr. de	contiene aproximadamente
Café instantáneo	4.000 mg

Cacao en polvo	2.700 mg
Levadura	2.600 mg
Pimentón	2.340 mg
Porotos de soja	1.800 mg
Puré de papas instantáneo	1.290 mg
Leche en polvo	1.160 mg
Puré de tomate	1.160 mg
Salchichas	870 mg
Higos secos	850 mg
Lentejas	830 mg
Salmón ahumado	780 mg
Papas fritas	700 mg
Espinaca	650 mg
Quesos duros	620 mg
Pescados en conserva	600 mg

CAPITULO 7: EL FENG SHUI

El Feng Shui es el arte chino de armonizar las energías ambientales para dar bienestar a las personas y sincronía con la naturaleza. En esta antigua disciplina se considera que, si la energía Yin Yang también llamada Qi que nos rodea no fluye de manera equilibrada, nos afectará en forma negativa, tanto en forma psíquica como física si nos exponemos largo tiempo a su influencia. Por eso es importante habitar espacios saludables para poder vivir en armonía con nuestro ambiente y tener una vida más próspera y plena.

Cuando queremos aplicar el Feng Shui a un espacio físico lo primero que necesitamos hacer es identificar si predomina el Yin o el Yang. Este balance se reconoce a través de los cincos sentidos y de las sensaciones que transmite el lugar.

De acuerdo con la actividad para la que esté destinado un ambiente será más adecuado que haya cierto predominio de un tipo de energía sobre otra, pero lo que siempre habrá que evitar son los excesos. Así, por ejemplo, los ambientes donde se descansa o es necesario relajarse deben ser más Yin, y aquellos donde se hacen actividades más dinámicas como trabajar o jugar requieren una energía más Yang.

Los cuartos de la casa que necesitan un leve predominio de ambientación Yin son los dormitorios, los baños, los sectores de meditación u oración y los lavaderos. El recibidor, la cocina, el cuarto de juegos, deben mostrar una ambientación más Yang. Finalmente, hay sectores que necesitan un equilibrio, como el caso del living, el comedor, el escritorio u oficina, jardines y balcones.

Para saber si existe un exceso de alguna de las dos energías podes recorrer los ambientes de tu casa y prestar atención a algunos parámetros.

Ambientes Yin

Los espacios Yin por lo general tienen:

- Escasa ventilación e iluminación deficiente.
- Acumulación de objetos viejos.
- Deterioro de la pintura, predominio de colores pálidos y desgastados.
- Humedad en las paredes o pérdidas de agua en canillas.
- Ambientación en colores oscuros (gris, negro, marrón oscuro) o fríos (azul, blanco, metal).
- No hay plantas.
- Hay pocos habitantes o ninguno.
- Temperatura ambiental fría.
- Silencio absoluto.
- Olor a encierro o a humedad.
- Sensación de quietud.

Ambientes Yang

Los ambientes Yang reúnen las siguientes condiciones:
- Luz solar o artificial intensa.
- Calor excesivo.
- Colores brillantes e intensos (rojo, naranja, verde, amarillo).
- Música muy rítmica y fuerte.
- Ventanas abiertas y corrientes de aire.
- Plantas en exceso y muy tupidas.
- Formas triangulares, muebles de contornos agresivos.
- Olor intenso de desodorantes ambientales.
- Movimiento permanente de personas.

Por lo general, los ambientes habitados por hombres tienen características Yin, y los habitados por mujeres características Yang.

Cuando en la casa existe un exceso de energía Yang se genera estrés, agresión, competencia desmedida. Los problemas Yang se refieren generalmente al exceso de algo. Para lograr disminuir la energía Yang de un ambiente se deben introducir elementos Yin:

- Añadir colores fríos en la decoración, como el azul, negro, plateado, blanco o gris.
- Reducir el ruido ambiente (volumen de música, TV, timbres, voz).
- Incorporar el elemento agua a la decoración, por ejemplo una pecera.
- Controlar la cantidad y crecimiento de las plantas.

- Quitar objetos con figuras amenazantes, con puntas pronunciadas, procurar apaisar las formas.
- Utilizar telas de texturas livianas y suaves.
- Colgar cortinas claras en los ventanales para regular el ingreso de la luz y el calor.
- Usar aromas que aportan serenidad: lavanda, jazmín, geranio.

Si en cambio, existe exceso de energía Yin estamos invitando a la escasez, a la soledad, la depresión, la falta de diálogo y de iniciativa. En general, los problemas que se refieren a la falta de algo son problemas Yin. Para contrarrestar estos efectos, hay que introducir Qi Yang en el ambiente, mediante alguna de las siguientes opciones:
- Usar colores cálidos, en tonos de rojo, naranja, beige, amarillo, verde, dorado, especialmente en detalles como almohadones, adornos, cuadros. Nunca en grandes superficies.
- Poner música alegre, como los ritmos latinos.
- Introducir la energía del fuego mediante cuadros con paisajes que representen el verano, bosques, flores, sol. Se deben ubicar en la orientación norte del living.
- Situar lámparas encendidas en lugares que estén muy sombríos.
- Colgar móviles o campanillas del techo.
- Airear diariamente las habitaciones, dejar que entre el sol.
- Incluir algún objeto piramidal en la decoración, así como piedras de cuarzo.

- No dejar rincones o espacios grandes vacíos, colocar en ellos una lámpara de sal, una planta o un cuadro con flores coloridas, velas u hornillos para aromas.
- Usar aromas a cítricos, pino, eucalipto, maderas.

El Feng-Shui nos afecta en forma directa porque aunque no nos damos cuenta es una energía que nos influye todos los días. Corrigiendo el Feng-Shui en nuestra casa vamos a mejorar nuestra propia armonía en forma significativa. (2)

CAPITULO 8: EL YIN YANG EN LA ECONOMÍA

El Yin y el Yang en la economía funcionan con ciclos de expansión y crecimiento seguidos de períodos de escasez y estancamiento.

Por qué hay un mercado alcista para pronósticos bajistas ? es la pregunta que todos quisieran saber. La mecánica de las Bolsas es un claro ejemplo del equilibrio Yin y Yang: en los períodos de bonanza y crecimiento hay interés por parte de los inversores, que luego se reflejan en inversiones concretas y esto produce el alza de precios de las acciones. Se produce una euforia y un interés desmesurado: comprar a cualquier precio, lo que hace que las acciones estén sobrevaluadas. Es la cima del ciclo Yang.

Luego sobreviene un ciclo Yin, en donde los especuladores que hicieron su negocio empiezan a vender. Cuando empiezan a aparecer malas noticias, se crea un clima de nerviosismo y temor, entonces los inversores empiezan a vender y el papel empieza a bajar de precio. Cuando, en determinado momento el temor se transforma en pánico y se generan ventas masivas.

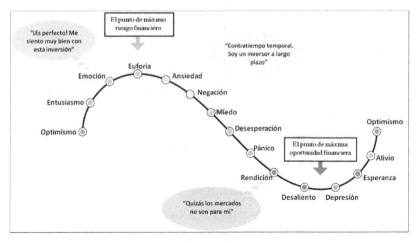

Figura 15

La psicología del inversor nos muestra la evolución del pensamiento del Yang al Yin. Estos ciclos no se dan al azar, sino que como vimos anteriormente están regidos por las fuerzas del Yin y el Yang, y también se pueden aplicar a los estados de ánimo en general en la vida de las personas.

Oferta y demanda

Aquí encontramos nuevamente la manifestación del Yin y Yang, esta vez relacionada con la abundancia y la escasez. La ley de la oferta y demanda es un modelo económico básico postulado para la formación de precios de mercado de los bienes, usándose para explicar una gran variedad de fenómenos y procesos tanto micro como macroeconómicos. Además, sirve como base para otras teorías y modelos económicos.

La oferta y demanda no solo funciona en la economía sino que también en la naturaleza. Por ejemplo en la población de las especies, a mayor oferta de alimento, mas aumenta la población. A menor oferta de alimentos, mas disminuye la población.

CAPITULO 9: EL YIN YANG EN LA POLÍTICA

La democracia es un sistema de gobierno que permite el encauzamiento de las tendencias Yin y Yang en una sociedad. En todas las democracias modernas encontramos partidos de izquierda (Yin) y de derecha (Yang). Estos términos tienen su origen formal en la votación que tuvo lugar el 11 de septiembre de 1789 en la Asamblea Nacional surgida de la Revolución Francesa en la que se discutía la propuesta de un artículo de la nueva Constitución en la que se establecía el veto absoluto del rey a las leyes aprobadas por la futura Asamblea Legislativa. Los diputados que estaban a favor de la propuesta, que suponía el mantenimiento de hecho del poder absoluto del monarca, se situaron a la derecha del presidente de la Asamblea. Los que estaban en contra, y defendían que el rey sólo tuviera derecho a un veto suspensivo y limitado en el tiempo poniendo por tanto la soberanía nacional por encima de la autoridad real, se situaron a la izquierda del presidente. Así el término "izquierda" quedó asociado a las opciones políticas que propugnaban el cambio político y social, mientras que el término "derecha" quedó asociado a las que se oponían a dichos cambios.

Una vez más observamos características Yin y Yang. En la izquierda encontramos características Yin, la defensa de los trabajadores y el Yang que tiene como rumbo producir, generar ganancias, aumentar el capital. Todas las sociedades tienen su componente Yin y Yang, y son directamente proporcionales. Uno no puede vivir sin el otro y están en una continua pulseada, y relacionados íntimamente con los ciclos de la economía.

Cuando la democracia se interrumpe, las fuerzas del Yin y Yang se estancan, es como interrumpir el cauce de un río. Necesitan circular porque son dinámicas, están en continuo movimiento y tarde o temprano se liberan, lleve el tiempo que lleve. Y cuando esto no sucede en forma armoniosa o consensuada, sucede en forma violenta. Se producen "revoluciones" o "liberaciones" que por lo general se pasa de un extremo al otro y al final el nuevo gobierno termina siendo muy parecido al régimen anterior, por lo general regímenes totalitarios o absolutos sin libertades individuales.

Reflexiones Del Tao Te Ching

Capítulo 17 - La gente y los líderes

De los buenos líderes, la gente no nota su existencia.
A los no tan buenos, la gente les honrará y alabará.
A los mediocres, les temerán y a los peores les odiarán.
Cuando se haya completado el trabajo de los mejores
líderes, la gente dirá: "lo hemos hecho nosotros".

Capítulo 30 - Armas de doble filo

Quien gobierna ateniendose al Tao
no intenta dominar al mundo
mediante la fuerza de las armas.
Está en la propia naturaleza de las armas militares
volverse contra los propios hombres que las crearon.
Donde se estacionan los ejércitos
solo crecen después zarzas y espinos.

CAPITULO 10: ¿SE PUEDE MEDIR EL YIN Y EL YANG?

L a gravedad de la Tierra y su fuerza centrífuga que nos afecta en forma directa. La pregunta es, ¿cuánto nos afecta? ¿Es realmente importante ?

Durante mucho tiempo me pregunté cómo medir las fuerzas del Yin-Yang que tienen influencia sobre nosotros. Sabemos que la velocidad de la Tierra sobre su propio eje es constante. O sea que la fuerza centrífuga ejercida sobre la superficie es siempre la misma. Pero en cambio, la fuerza de gravedad varía. En qué sentido? si la masa de la tierra también es la misma.

Como dijimos antes, la fuerza de Gravedad tiene influencia infinita, o sea que la fuerza de Gravedad de los demás cuerpos también nos afecta, sobre todo los más cercanos y los de masas mas grandes: la Luna y el Sol en primer lugar y luego Venus, Marte, Júpiter, Saturno, Urano, Neptuno. Y también los 400 mil millones de estrellas que hay en la Vía Láctea. El desafío es buscar una forma de medir el Yin y Yang en un determinado momento y su tendencia.

Diferencia Entre Masa Y Peso

Es importante aclarar que la masa y el peso tienen diferentes propiedades. La masa es la cantidad de materia que tiene un cuerpo mientras que el peso es la fuerza que ejerce la gravedad sobre ese cuerpo. Por lo tanto la masa no cambiará de valor sea cual sea la ubicación que tenga sobre la superficie de la Tierra (suponiendo que el objeto no está viajando a velocidades relativistas con respecto al observador), mientras que si el objeto se desplaza del ecuador al Polo Norte, su peso aumentará aproximadamente 0,5 % a causa del aumento del campo gravitatorio terrestre en el Polo (7).

Masa	Peso
La masa es la cantidad de materia que tienen los cuerpos.	*El peso es la fuerza que ejerce la gravedad sobre una masa.*
La masa se mide en kilogramos (kg) o en gramos (g).	El peso se mide en Newtons (N) o kilogramos fuerza (m/s^2)
La masa se mide con la balanza.	El peso se mide con el dinamómetro.

Las balanzas clásicas del tipo romanas de doble platillo comparan el peso de la masa con un peso patrón. Es por eso que si cambiamos su ubicación desde el ecuador a los polos no van a mostrar variaciones en sus lecturas; son inmunes a las diferencias de fuerzas de gravedad que genera la Tierra.

En cambio los dinamómetros u otros aparatos de medición que utilizan resortes o celdas de carga digitales si son afectados por las variaciones de la gravedad, tanto de la Tierra como de la Luna y el Sol. El científico inglés Henry Cavendish, en el año 1797, logró medir la fuerza de la gravedad con un artilugio fabricado por él mismo, hecho de esferas de plomo, varillas de madera y alambre.

En la actualidad, los científicos están utilizando los mismos principios y haciendo algo bastante parecido, pero con herramientas mucho más sofisticadas: los átomos. La técnica principal utilizada es la interferometría atómica, que se vale de un principio de la mecánica cuántica.

Magnitud Yin

La fuerza centrífuga es siempre la misma ya que la velocidad de la Tierra es constante, pero como vimos anteriormente, varía según la latitud. A medida que nos acercamos a la línea del ecuador mayor va a ser la fuerza centrífuga (ver figura 8).

Magnitud Yang

A diferencia del Yin, el Yang sobre la Tierra no es siempre constante. Recordemos que la fuerza de la gravedad tiene una influencia infinita, por lo que la misma dependerá no sólo de la gravedad de la Tierra, sino de la posición de la Luna, el Sol, los planetas y de las estrellas más cercanas. Y al estar en movimiento, están continuamente cambiando de posición, por eso la magnitud Yang no es siempre la misma. Para saber la gravedad resultante de los astros sobre nosotros deberíamos hacer el cálculo de los astros más influyentes por masa y distancia y realizar el cálculo del vector resultante.

Si calculamos la fuerza de gravedad que ejercen los planetas sobre un cuerpo de 80 kg que se encuentra sobre la superficie de la Tierra, vamos a obtener el siguiente cuadro. Los que más influyen son, en primer lugar la Tierra, luego el Sol y por último la Luna. La gravedad del resto de los planetas es insignificante para nuestros propósitos y no los vamos a considerar.

		Masa (kg)	Distancia (km)	Fuerza de gravedad (N)	Kg. Fuerza	
Tierra	$\oplus$	5.972E+24	6,378	783.86410128655500000000	80.0000000000	kg
Sol	$\odot$	1.989E+30	149,597,870	0.47455000977070900000	48.4234703848	gramos
Luna	$\mathbb{C}$	7.349E+22	384,400	0.21579582954800200000	22.0199826069	gramos
Venus	φ	4.869E+24	42,000,000	0.00001807637009523810	0.0000018445	
Marte	σ	6.419E+23	69,000,000	0.00000669748305986137	0.0000006834	
Mercurio	φ	3.302E+23	91,690,000	0.00000379285167943628	0.0000003870	
Jupiter	$\mathrm{2}\!\!\downarrow$	1.899E+27	591,000,000	0.00000009129244604774	0.0000000093	
Saturno	$\hbar$	5.688E+26	1,200,000,000	0.00000002214355336667	0.0000000023	
Urano	δ	8.686E+25	2,543,164,000	0.00000000493016064681	0.0000000005	
Neptuno	Ψ	1.024E+24	4,500,000,000	0.00000000157465268385	0.0000000002	
Pluton	P	1.250E+22	7,529,000,000	0.00000000056251642889	0.0000000001	
Alpha Centauri		2.188E+30	41,626,074,000,000	0.00000000000000001840	0.0000000000	
Sagitario A		8.155E+36	2.45986E+17	0.00000000000000000000	0.0000000000	

La Tierra siempre ejerce la misma fuerza de gravedad sobre la masa de 80 kg, pero el Sol ejerce una fuerza de gravedad de 48.42 gramos y la Luna unos 22.02 gramos, que se pueden sumar o restar, dependiendo en la posición en que se encuentren la Luna y el Sol, y en qué momento del día o de la noche nos encontremos en la Tierra. Todo es dinámico y cambia minuto a minuto.

Las fuerzas que más influyen sobre la Tierra son:

1) la fuerza de gravedad de la Tierra, en forma constante
2) la fuerza centrífuga de la Tierra, también en forma constante
3) la fuerza de gravedad del Sol en forma variable
4) la energía solar, en forma de luz y calor
5) la fuerza de gravedad de la Luna en forma variable

Fuerza de gravedad del Sol y la Luna

Luna Nueva De Día

Si la Luna y el Sol se encuentran sobre nosotros (A), estamos en un momento Yin, ya que la fuerza de gravedad de la Tierra es contrarrestada en 70.44 gramos por la de la Luna y el Sol, o sea nuestra gravedad es de 783,1739 N o **79.93** kg fuerza, nos hace más livianos.

22.02 g

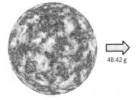

48.42 g

Luna Nueva De Noche

Si la Luna y el Sol se encuentran del mismo lado, estamos en el momento de mayor gravedad, ya que los tres cuerpos suman la gravedad que ejercen sobre nosotros. Serían 80 kg + 22.02 gramos de la Luna + 48.42 gramos del Sol. Unos **80.070** kilos fuerza, nos hacen 70 gramos mas pesados.

Luna Llena De Día

Si el Sol se encuentra sobre nosotros (A) y la Luna se ubica del lado opuesto, la fuerza de gravedad resultante entre la Luna y el Sol sería de:

Sumando: la Tierra y la Luna, restando, el Sol. 80kg + 22.02 gramos – 48.42 gramos. O sea que tendremos una fuerza de gravedad de **79.974** kg fuerza.

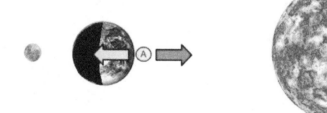

Luna Llena De Noche

Si es de noche, el Sol se encuentra debajo nuestro y la Luna se ubica sobre nosotros, entonces la fuerza de gravedad resultante sería:

Sumando: la Tierra y el Sol, restando, la Luna. 80kg + 48.42 gramos – 22.02 gramos. O sea que tendremos una fuerza de gravedad de **80.264** kg fuerza.

Si bien estamos hablando de gramos, ¿qué importancia tienen 70 gramos más o menos ? Si al fin y al cabo equivalen a dos o tres tragos de agua, ¿realmente influyen en nuestro organismo ?

Las estadísticas revelan que las fases lunares tienen un efecto sobre la salud y el comportamiento humano. Hay mayor cantidad de accidentes de tránsito, mayor consumo de alimentos y aumentan la cantidad de delitos durante los días de luna llena que en el resto de los días. También hay estudios que evidencian que la Luna influye en el comportamiento de las personas durante el sueño, en donde se mostraron menores niveles de melatonina, una hormona que regula los ciclos de sueño y vigilia. Su papel principal es regular los ciclos de sueño-vigilia en el organismo y sus déficits suelen ir acompañados de efectos psíquicos, como el insomnio o la depresión. (5)

La Biología Gravitacional es la ciencia que estudia el efecto que tiene la gravedad sobre los organismos vivos. Experimentos recientes han probado alteraciones en el metabolismo, la función de las células inmunes, la división celular y la adhesión celular en humanos que viven un determinado tiempo en el espacio.

De todas formas las tendencias Yin-Yang dejaron su huella a lo largo de millones de años en todas las especies, como lo son los géneros macho y hembra, las contexturas, los comportamientos, la alimentación y muchas otras características y propiedades Yin Yang.

Las mareas

Las mareas son los cambios periódicos del nivel del mar producidos principalmente por las fuerzas de atracción gravitatoria que ejercen el Sol y la Luna sobre los océanos. También ocurren en la atmósfera, que puede variar varios km de altura, aunque en este caso, es mucho mayor el aumento del espesor de la atmósfera producido por la fuerza centrífuga del movimiento de rotación en la zona ecuatorial (donde el espesor de la atmósfera es mucho mayor) que la modificación introducida por las mareas en dicha zona ecuatorial.

Las mareas causadas por el Sol pueden reforzar o debilitar las que son creadas por la acción de la Luna. Cuando el Sol y la Luna están alineados — durante la luna llena o luna nueva — sus fuerzas gravitacionales actúan en conjunto creando una atracción mucho más fuerte que causa mareas más altas. Cuando el Sol y la Luna guardan un ángulo recto respecto a la Tierra, en los cuartos menguante y creciente, la atracción del Sol influye en lo que se conoce como mareas muertas.

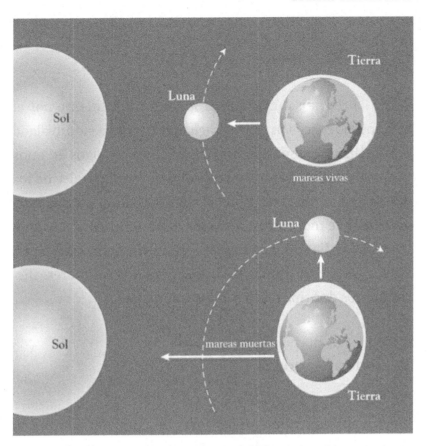

Figura 16 - Las mareas

La teoría Solunar

La teoría solunar fue propuesta inicialmente por el estadounidense *John Alden Knight* en 1926 y ha sido avalada por análisis sistemáticos de científicos y biólogos en años posteriores. Está basada en estudios experimentales de los que se deduce que la acción del sol y de la luna influye en la actividad de todos los seres vivos de la naturaleza. Los momentos del día en los cuales los seres vivos demuestran una mayor actividad son los llamados periodos solunares. Distinguimos dos tipos de periodos solunares.

Periodos Mayores

Tienen aproximadamente 2 horas de duración aunque en ciertas ocasiones pueden ser superiores a las 3 horas. Comienzan en el momento del tránsito lunar (cuando la luna está sobre nuestras cabezas) y del tránsito lunar opuesto (cuando la luna está bajo nuestros pies). Normalmente son los momentos de mayor actividad de los peces durante cada día. Los más adeptos a esta teoría afirman que no existe ni una sola especie de pez deportivo que no se encuentre comiendo durante un Periodo Solunar Mayor.

Periodos Menores

Son periodos intermedios de menor duración (aproximadamente 1 hora) que coinciden con la salida y la puesta de la luna. Durante estos períodos también se nota un incremento en la actividad de los peces en relación con el resto del día.

CAPITULO 11: LOS EXTREMOS

Hasta ahora vimos las fuerzas Yin-Yang en los sistemas orbitales, en donde el movimiento circular permite el equilibrio de la fuerza de gravedad y la fuerza centrífuga. Pero qué sucede cuando no hay equilibrio? por empezar no hay ciclos. No hay ritmo. Las energías del Yin y Yang se acumulan en un período de tiempo hasta que en determinado momento se produce una liberación. En el caso de la acumulación Yang son las explosiones, que es la liberación extrema de la energía acumulada. En el caso de la acumulación Yin, esos desencadenamientos son los colapsos y colisiones.

◆ ◆ ◆

Explosiones

Una explosión es la manifestación Yin más extrema que existe. Es un cambio de Yang a Yin en forma violenta. La explosión de las estrellas llamadas supernovas es uno de los momentos más violentos y asombrosos del cosmos, una de las más energéticas de todo el Universo. Al quedarse sin hidrógeno para consumir, los fuegos nucleares que la han mantenido ardiendo durante millones de años se han apagado. Cuando se enfría, colapsa bajo su propio peso. Se desmorona hacia adentro y luego explota. Es una explosión tan brillante que ilumina galaxias enteras.

Colapsos y colisiones

Un colapso es un acontecimiento Yang extremo. Es una contracción en donde se produce un cambio de Yin a Yang en forma violenta, por ejemplo cuando se derrumba un edificio. Los agujeros negros proceden de un proceso de colapso gravitatorio que fue ampliamente estudiado a mediados de siglo XX por diversos científicos, particularmente Robert Oppenheimer, Roger Penrose y Stephen Hawking entre otros. Hawking, en su libro "Historia del tiempo: del Big Bang a los agujeros negros", 1988, repasa algunos de los hechos bien establecidos sobre la formación de agujeros negros. Dicho proceso comienza después de la muerte de una gigante roja, una estrella de gran masa. Llámese muerte a la extinción total de su energía. Tras varios miles de millones de años de vida, la fuerza gravitatoria de dicha estrella comienza a ejercer fuerza sobre sí misma originando un colapso de su estructura, convirtiéndose en una masa concentrada en un pequeño volumen, llamado agujero negro. Este proceso acaba por reunir una fuerza de atracción tan fuerte que atrapa hasta la misma luz en él. En palabras más simples, un agujero negro es el resultado final de la acción de la gravedad extrema llevada hasta el límite posible. La misma gravedad que mantiene a la estrella estable, la empieza a comprimir hasta el punto que los átomos comienzan a aplastarse.

Las colisiones también son un violento cambio de Yin a Yang. Los meteoritos que impactaron sobre la Tierra pasaron a formar parte de nuestra masa.

El Big Bang

La teoría del Big Bang afirma que el universo estaba en un estado de muy alta densidad, llamado por los científicos "singularidad" y luego se produjo una gran explosión que originó un proceso de expansión. En 1965 dos científicos descubrieron algo denominado radiación de fondo de microondas. Es una radiación extraña que provenía por igual de todos los puntos del espacio. Se dice que es el eco que proviene del inicio del universo, es decir, el eco que queda de la gran explosión. Las mediciones modernas datan al Big Bang aproximadamente a 13,8 mil millones de años atrás, que sería por tanto la edad del universo. Después de la expansión inicial, el universo se enfrió lo suficiente para permitir la formación de las partículas subatómicas y más tarde simples átomos. Nubes gigantes de estos elementos primordiales más tarde se unieron a través de la gravedad para formar estrellas y galaxias. Antes de eso, según esta teoría, no existía universo, ni materia, ni espacio, ni siquiera tiempo.

El descubrimiento de la expansión del Universo empieza en 1912, con los trabajos del astrónomo norteamericano Vesto M. Slipher. Mientras estudiaba los espectros de las galaxias observó que, excepto en las más próximas, las líneas del espectro se desplazan hacia el rojo. Uno de los grandes problemas científicos sin resolver en el modelo del Universo en expansión es si el Universo es abierto o cerrado, o sea si se expandirá indefinidamente o se volverá a contraer.

La Gran Implosión, también conocida como Gran Colapso o directamente mediante el término inglés Big Crunch, es una de las teorías cosmológicas que se barajaban en el siglo XX sobre el destino último del universo.

La teoría de la Gran Implosión propone un universo cerrado. Según esta teoría, si el universo tiene una densidad crítica, la expansión del universo, producida por la Gran Explosión (o Big Bang) se irá deteniendo poco a poco hasta que finalmente comiencen nuevamente a acercarse todos los elementos que conforman el universo, volviendo a comprimir la materia en una nueva singularidad espacio-temporal.

El momento en el cual acabaría por pararse la expansión del universo y empezaría la contracción depende de la densidad crítica del Universo: a mayor densidad mayor rapidez de frenado y contracción; y a menor densidad, más tiempo para que se desarrollaran eventos. Si la densidad es lo suficientemente baja se prevé que tendría lugar un universo en expansión perpetua.

◆ ◆ ◆

Todas estas observaciones, teorías y descubrimientos llevan implícitos el concepto del Yin y el Yang absolutos. Si analizamos la teoría del Big Bang, podríamos decir que el universo está en expansión, o sea en un período Yin, y si aplicamos las leyes que ya conocemos:

1) No hay Yin absoluto ni Yang absoluto.

2) Todo lo que tiene principio tiene fin. O sea que en algún momento el universo va a terminar de expandirse.

Podríamos pensar que cuando se termine el periodo de expansión vendrá una nueva etapa de contracción, en donde la gravedad va a realizar su trabajo de juntar y formar astros con masas cada vez mayores, absorbiendo a los astros de menor masa hasta formar nuevamente una nueva gran singularidad.

CAPITULO 12: LA ÉPOCA ACTUAL

Así como las células se asociaron, especializaron y formaron los más diversos seres vivos a lo largo de la evolución, en la actualidad el hombre ha formado un sistema mundial muy parecido a un gran ser vivo como si cada uno de nosotros fuéramos una célula. Tenemos un sistema de defensa, un sistema de alimentación, un sistema nervioso, transporte, inteligencia. Nos hemos convertido en un gran monstruo que todo lo devora. Hemos sometido a todos los animales y plantas. Extraemos todos los minerales que queremos y fabricamos todo tipo de máquinas y productos. Vivimos en una época de la civilización extremadamente Yang, que además está generando consecuencias muy Yin en la sociedad: cáncer, pobreza, drogas, alcoholismo, tabaquismo, diabetes, depresión por nombrar algunas. El nivel de actividad es muy alto con el uso y abuso de los combustibles fósiles y la luz eléctrica, esto permitió que la población mundial creciera vertiginosamente, de 1.000 a 7.700 millones de habitantes y la mayoría ha migrado hacia las grandes ciudades Yang. Este ciclo comenzó en el año 1800 con la Revolución Industrial, con la utilización de carbón y máquinas industriales y continuó hasta nuestros días con la extracción de petróleo. Y todavía no sabemos las consecuencias que esto va a traer, porque todavía no se ve el final de este ciclo. Lo que ya estamos viendo son algunas de las consecuencias que dicho sea de paso algunas no son nada buenas, contaminación, calentamiento global, extinción de especies. Este sistema no es sustentable. No estamos reponiendo lo que extraemos de la Tierra y estamos contaminando el medio ambiente y creando serias consecuencias en el clima.

La gente emigra en forma masiva hacia las grandes ciudades y las máquinas alimentadas por combustibles derivados del petróleo hacen el trabajo en el campo. El hombre de las grandes ciudades se conduce como un ser en un estado de casi permanente urgencia, el "deber" toma el control de su vida, siempre buscando capitalizar el tiempo, para quizás algún día poder desacelerar y disfrutar de la vida. Las grandes ciudades nos tientan continuamente con sus comodidades Yin a un costo muy caro. El consumismo, las comidas rápidas, la continua estimulación produce grandes desequilibrios.

La Iglesia Católica ha publicado recientemente la encíclica "Laudato si". Allí el Papa Francisco afirma que "Nunca hemos maltratado y lastimado nuestra casa común como en los últimos dos siglos". La Tierra es un sistema biológico muy complejo que nos incluye y el progreso tecnológico ha potenciado la capacidad destructiva del hombre sobre la naturaleza.

La gran pregunta es, ¿qué va a suceder en los próximos años? Por lo que se puede ver cuanto más Yang sea la civilización, más Yin van a ser las consecuencias. Si viéramos una película de toda la historia de la humanidad resumida en una hora, veríamos estos últimos doscientos años como una explosión. El problema es cómo va a quedar el mundo después de esa explosión. Desde que el mundo es mundo, la vida se extinguió en forma masiva cinco veces. Fueron hechos excepcionales, como la caída de un meteorito en lo que hoy es Belice, lo que eliminó a los dinosaurios 65 millones de años atrás, o erupciones volcánicas concatenadas, que terminaron con el 95 por ciento de los seres vivos hace 250 millones de años. Hoy estamos entrando en lo que los científicos llaman "la sexta extinción" y para entender qué es lo que la está causando no hay que ir muy lejos: somos nosotros mismos. (3)

EPÍLOGO

Hemos aprendido un nuevo concepto, muy importante. Ahora tenemos ojos nuevos. Podemos ver todas las cosas desde otro punto de vista y entender lo que quizás antes no le dábamos importancia. Seguro que tenemos nuevas dudas y eso es bueno, dudar, experimentar, pensar, buscar la verdad. Pensemos que la naturaleza, las plantas, los animales y los ecosistemas son el resultado de millones de años de evolución. Nos convertimos en lo que somos gracias a los constantes cambios y aprendizajes a los que fueron sometidas todas las especies animales y vegetales a lo largo de los años desde que comenzó la vida en la Tierra.

El conocimiento genera compromiso y ya no seremos los mismos al aprender el dualismo Yin Yang. Cada uno habrá reflexionado acerca de su propia vida, sus costumbres, sus decisiones. Mejor que cambiar el mundo es cambiarnos a nosotros mismos y no importa cuán pequeño el cambio siempre será para mejor.

Palabras Finales

Debemos aceptar nuestras limitaciones, somos una especie inteligente pero recién estamos dando los primeros pasos fuera de nuestra caverna. A modo de despedida y como retribución por haberlos abrumado con tanto análisis e información quise incluir este hermoso texto de Max Ehrmann que refleja el espíritu del Yin y el Yang. Gracias por leer este libro.

Desiderata

Anda plácidamente entre el ruido y la prisa y recuerda que paz que puede haber en el silencio. Vive en buenos términos con todas las personas todo lo que puedas, sin rendirte. Di tu verdad tranquila y claramente, escucha a los demás, incluso al aburrido y al ignorante; ellos también tienen su historia. Evita a las personas ruidosas y agresivas sin vejaciones al espíritu. Si te comparas con otros puedes volverte vanidoso y amargo porque siempre habrá personas más grandes y más pequeñas que tú. Disfruta de tus logros así como de tus planes. Mantén el interés en tu propia carrera, aunque sea humilde es una verdadera posesión en las cambiantes fortunas del tiempo. Usa la precaución en tus negocios porque el mundo está lleno de trampas. Pero no por eso te niegues a la virtud que pueda existir. Mucha gente lucha por altos ideales y en todas partes la vida está llena de heroísmo. Sé tú mismo, especialmente no finjas afectos, pero tampoco seas cínico respecto del amor porque frente a toda aridez y desencanto el amor es perenne como la hierba. Recoge mansamente el consejo de los años renunciando graciosamente a las cosas de juventud. Nutre tu fuerza espiritual para que te proteja en la desgracia repentina pero no te angusties con fantasías. Muchos temores nacen de la fatiga y la soledad; junto con una sana disciplina, se amable contigo mismo. Tu eres una criatura del Universo, no menos que los árboles y las estrellas; tú tienes derecho a estar aquí y te resulte evidente o no sin duda el universo se desenvuelve como debe. Por lo tanto, mantente en paz con Dios de cualquier modo que lo concibas y cualesquiera sean tus trabajos y aspiraciones mantén en la ruidosa confusión paz con tu alma. Con todas sus farsas y sueños rotos este sigue siendo un mundo hermoso. Ten cuidado. Esfuérzate en ser feliz.

Max Ehrmann, 1927

Referencias

(1) Plato. Rouse, W.H.D. (ed.). *The Republic Book VII*. Penguin Group Inc. pp. 365–401.

(2) Como saber si tu casa es Yin o Yang. |Patricia Traversa, 2013.

(3) Revista Sciences Advances, Gerardo Ceballos, Universidad Autónoma de México.

(4) Thorwald Dethlefsen y Rüdiger Dahlke – La enfermedad como camino.

(5) "Full Moon and Human Sleep" Christian Cajochen, Universidad de Basilea, Suiza.

(6) "Mis recetas anticáncer" - Dra. Odile Fernandez Martínez, 2002

(7) Judson L. Ahern. «International Gravity formula». School of Geology & Geophysics, University of Oklahoma.

(8) Taoísmo. Disponible en: https://www.significados.com/taoismo/ Consultado: 25 de julio de 2021

Seguinos en Facebook: Yin Yang Forum

Made in the USA
Las Vegas, NV
02 May 2024

89440549R00069